Allerlei Rezept-Ideen

Super-Suppen

lecker und bekömmlich

MOEWIG

Fotos im Innenteil:
Eschenbach (S. 7)
Frau Antjes Feinschmecker-Studio (S. 9, 67)
Osborne (S. 11) – Knorr/Maizena (S. 13, 21, 33, 79, 93)
Alpensahne (S. 15, 23, 39, 75)
Langnese-Iglo (S. 17, 59, 87)
Leistungsgemeinschaft Deutscher Hähnchenerzeuger (S. 19)
Milkana (S. 25) – Eiernudeln (S. 27)
CMA (Pentacom) (S. 29, 35, 69, 71, 81, 89)
Wusata (Komplett-Büro) (S. 31)
neuform-Kochstudio (S. 37, 45) – Fima (S. 41, 77)
Informationsgemeinschaft Bananen (Komplett-Büro) (S. 43)
Sojaöl (S. 47) – Deutsches Frischei (Supress) (S. 49)
CPT-Hollandgemüse (S. 51)
Canderel (S. 53) – Pfanni (S. 55)
Kikkoman Sojasauce (S. 57)
Bommerlunder (S. 61)
USA-Erdnüsse (S. 63) – California Raisins (S. 65)
Informationsbüro Sherry (S. 73) – Irish Whiskey (S. 83)
Malteserkreuz Aquavit (S. 85) – Carmel (S. 91)

Originalausgabe

Herausgeber: food-prints-team, Hamburg
Redaktion: Elsbeth Brune und Juliane von Saldern
Umschlagentwurf und -gestaltung: Werbeagentur Zeuner, Ettlingen
Umschlagfoto: Carmel
Auslieferung in Österreich:
Pressegroßvertrieb Salzburg Gesellschaft m.b.H.,
Niederalm 300, A-5081 Anif
Printed in Germany 1991
Druck und Bindung: Druckhaus Kaufmann, Lahr/Schwarzwald
ISBN 3-8118-8449-2

Suppe – ein unangefochtener Küchenhit

Kaum ein Familienmitglied, das der Hausfrau/dem Hausmann oder dem Hobbykoch einen Korb gibt, wenn es um die Suppe geht. Es gibt sie für jeden Geschmack, mit fast jeder nur denkbaren Zutat und natürlich zu jeder Jahreszeit.

In unserer kunterbunten Rezeptsammlung finden Sie leckere Suppenideen für jeden Anlaß. Warum das Frühjahr nicht mit einer leichten »Japanischen Frühlingssuppe« begrüßen? Oder mit »Gazpacho Andaluz« dem Spanienurlaub nachträumen? Oder das Jahr mit einem »Katersüppchen« beschließen? Oder, oder, oder . . . Es gibt viele Anlässe, ein Süppchen zu kochen. Freuen Sie sich auf die leckeren und bekömmlichen Suppenrezepte, die wir für Sie zusammengestellt haben. Wir sind sicher, die schönen Fotos werden Sie nicht kalt lassen – auch, wenn es sich bei dem dazugehörigen Rezept vielleicht um eine kalte Suppe wie die »Gerstensuppe mit Himbeeren« handelt.

»Probieren geht über Studieren«, sagt der Volksmund. Also auf in die Küche! Versuchen Sie sich doch einmal an der süß-sauren Bananensuppe, der Fischsuppe »Sylt« oder der Möhrensuppe mit Grießklößchen. Sie werden garantiert einen Hit landen und dank der delikaten Rezepte eine Schar treuer Fans um sich sammeln.

Viel Spaß beim Kochen und Genießen!

Übrigens: Alle Rezepte sind, wenn nicht anders vermerkt, für 4 Personen berechnet.

Hühnerbrühe mit Tortellini

Zutaten:

1 kg Hühnerklein
1 Bund Suppengrün
1 EL schwarze Pfefferkörner
2 Lorbeerblätter
Salz
250 g frische dreifarbige Tortellini (Vakuumpack)
100 g Shrimps
Schwarzer Pfeffer aus der Mühle
3EL Marsala
½ Bund Schnittlauch
4 EL grobe Parmesanspäne

Das Hühnerklein waschen und mit dem grob zerkleinerten Suppengrün in einen Topf geben. Pfefferkörner und Lorbeerblätter zufügen. Gut 1 l kaltes Wasser angießen und alles langsam zum Kochen bringen. Auf schwacher Hitze ca. 45 Minuten köcheln lassen. Die Brühe durch ein Sieb abgießen. Wieder aufkochen und salzen. Die Tortellini hineingeben und bißfest garen. Die Shrimps zugeben und in der Suppe erwärmen. Mit Salz, frisch gemahlenem Pfeffer und Marsala abschmekken. Schnittlauch in Röllchen schneiden. Die Tortellinisuppe mit Parmesanspänen und Schnittlauchröllchen bestreuen.

Zubereitungszeit ca. 1 Stunde 20 Minuten.

UNSER TIP

Bereiten Sie aus dem gekochten Hühnerklein einen Salat mit Chicoree, Orangen, Nüssen und Mayonnaise. Er schmeckt prima als Zwischengericht oder kleines Abendessen.

Käse-Kartoffel-Suppe

Zutaten:
- 750 g Kartoffeln (mehligkochend)
- 1 Zwiebel
- 1 Knoblauchzehe
- 1 Stange Porree (Lauch)
- 2 Möhren
- 30 g Butter
- ¾ l Hühnerbrühe (Instant)
- ⅛ l Sahne
- 4 Scheiben Butterkäse
- Salz
- Pfeffer
- 4 Scheiben Baguette

Kartoffeln, Zwiebel und Knoblauch schälen. Kartoffeln und Zwiebel würfeln, Knoblauch durch die Knoblauchpresse drücken. Porree in feine Ringe, Möhren in Scheiben schneiden. Butter zerlassen und das Gemüse darin andünsten. Mit Hühnerbrühe auffüllen und auf mittlerer Hitze im geschlossenen Topf ca. 20 Minuten garen. Suppe durch ein Sieb passieren und die Sahne unterrühren. 2 Scheiben Käse kleinschneiden und in der Suppe schmelzen lassen. Mit Salz und Pfeffer abschmecken. Das Brot rösten, mit dem restlichen Käse belegen und in Streifen schneiden. Käse-Kartoffel-Suppe in vier feuerfeste Suppenschälchen füllen und die Brotstreifen darauf verteilen. Unter den vorgeheizten Grill des Backofens schieben und knusprig überbacken. Nach Belieben mit »Möhrenblumen« und Porreestreifen garnieren.

Zubereitungszeit ca. 45 Minuten

Gazpacho Andaluz

Zutaten:
- 250 g Salatgurke
- 200 g rote und grüne Paprikaschote
- 250 g Tomaten
- 100g Zwiebeln
- 50 g altbackenes Toastbrot ohne Rinde
- 1 Knoblauchzehe
- 4 EL Olivenöl
- 1 EL Zitronensaft
- 2 TL Salz
- 1 TL Edelsüß-Paprika
- ¼ TL weißer Pfeffer aus der Mühle

Zum Bestreuen:
- 2 EL Olivenöl
- 1 Scheibe altbackenes Toastbrot ohne Rinde
- je 50g rote und grüne Paprikaschote
- 1 hartgekochtes Ei
- 1 Stange Staudensellerie

Salatgurke schälen, der Länge nach halbieren und die Kerne mit einem Löffel herauskratzen. Paprika entkernen. Gurke, Paprika, Tomaten, Zwiebeln und Toastbrot grob zerkleinern. Portionsweise in den Mixer geben und pürieren. Knoblauchzehe durchpressen und zugeben. Püree mit ¾ l kaltem Wasser verrühren. Gazpacho mit Olivenöl, Zitronensaft, Salz, Paprika und frisch gemahlenem Pfeffer abschmecken. Gut durchkühlen lassen. Olivenöl erhitzen. Das Weißbrot würfeln, in dem Öl goldgelb rösten und abkühlen lassen. Paprika, Salatgurke und das hartgekochte Ei in kleine Würfel, den Staudensellerie in feine Scheibchen schneiden. Gazpacho in Suppenteller füllen und mit den vorbereiteten Zutaten bestreuen.

Zubereitungszeit ca. 30 Minuten (ohne Wartezeit)

Unser Tip

Idealer Begleiter der Gazpacho Andaluz ist ein Gläschen Sherry.

Tomatensuppe »Ahoi«

Zutaten:

1 Zwiebel
200 g Fenchel
250 g Salatgurke
2 EL Öl
3 Packungen Knorr Suppe al Gusto Tomatensuppe mit Reis
1 Glas (320 g) Tomatenpaprika
100 g Nordseekrabben
½ Bund Dill
Salz
Pfeffer aus der Mühle
2 EL Korn

Zwiebel in Würfel und Fenchelknolle in Streifen schneiden. Die Gurke mit der Schale grob würfeln. Öl erhitzen und die Zwiebel darin andünsten. Fenchelstreifen und Gurkenstückchen zugeben und mitdünsten. Tomatensuppe mit Reis zum Gemüse geben, unterrühren und langsam erhitzen. Tomatenpaprika abtropfen lassen und mit den Krabben in der Suppe erhitzen. In der Zwischenzeit den Dill kleinschneiden. Die Tomatensuppe mit Salz, frisch gemahlenem Pfeffer und dem Korn abschmecken. Mit gehacktem Dill bestreut servieren.

Zubereitungszeit ca. 25 Minuten

Unser Tip

Wenn Sie keine Krabben bekommen oder mögen, können Sie auch Fischfilet in Stückchen in die Suppe geben. Italienisch wird's, wenn Sie reichlich Parmesankäse darüberstreuen – und weder Krabben noch Fisch zufügen.

Weißweinsuppe

Zutaten:
- ½ l Apfelsaft
- 50 g Zucker
- 1 Beutel Vanillepudding-pulver
- ½ l lieblicher Weißwein
- 2 Eier
- 1 Prise Salz
- 1 Flasche (200 ml) Alpensahne (12 % Fett)

Apfelsaft und Zucker zum Kochen bringen. Puddingpulver mit etwas Weißwein verquirlen und unter Rühren zum Apfelsaft geben. Einmal aufkochen lassen. Den Weißwein hinzugießen und alles erneut aufkochen lassen. Suppe vom Herd nehmen. Eier trennen. Eiweiß mit dem Salz sehr steif schlagen. Mit einem Eßlöffel kleine Klößchen abstechen und auf die Suppe setzen. Zugedeckt ca. 5 Minuten ziehen lassen. Die Schneeklößchen herausnehmen und auf Suppenteller verteilen. Alpensahne und Eigelb verschlagen und unter die Suppe rühren. Eventuell noch einmal kurz erhitzen, aber nicht kochen lassen. Zum Servieren die Suppe vorsichtig über die Schneeklößchen füllen.

Zubereitungszeit ca. 30 Minuten

Spinatsuppe

Zutaten:

- 1 Zwiebel
- 1 Knoblauchzehe
- 2 EL Öl
- 320 ml Fleischbrühe (Instant)
- 600 g Tiefkühl-Spinat (fein gehackt)
- Salz
- Pfeffer aus der Mühle
- 4 EL Tomatenketchup
- 4 EL Sahne

Die Zwiebel und Knoblauchzehe fein würfeln. Das Öl in einem Topf erhitzen. Zwiebel und Knoblauch darin andünsten. Mit der Fleischbrühe ablöschen. Spinat zugeben, auf schwacher Hitze auftauen und einmal kurz aufkochen lassen. Dabei ab und zu umrühren. Mit Salz und Pfeffer aus der Mühle abschmecken. Spinatsuppe auf vier Teller verteilen. Jeweils 1 EL Tomatenketchup in die Tellermitte geben und mit einem Teelöffelstiel spiralförmig ausziehen. Mit der Sahne ebenso verfahren. Die Spinatsuppe sofort servieren.

Zubereitungszeit ca. 30 Minuten

Unser Tip

Besonders fein wird die Suppe, wenn Sie den Spinat im Topf noch einmal mit dem Schneidstab pürieren. Dazu tauen Sie ihn zuerst auf und geben die Brühe anschließend dazu.

Kürbiscremesuppe

Zutaten:
- 1 Bund Suppengrün
- 2 Zwiebeln
- 1 Poularde
- 2 Gewürznelken
- 1 Lorbeerblatt
- Salz
- 800 g Kürbis
- 1 Stange Porree (Lauch)
- 20 g Butter
- Pfeffer
- 100 ml Sahne
- 1 Bund Kerbel

Suppengrün putzen und grob zerkleinern. 1 Zwiebel mit Schale halbieren und in einer trockenen Pfanne anrösten. Poularde waschen. Mit dem Suppengrün, der gerösteten Zwiebel, Nelken, Lorbeerblatt und Salz in einen großen Topf geben. Mit Wasser bedeckt zum Kochen bringen. Auf schwacher Hitze 1 ½ Stunden köcheln lassen. Dabei ab und zu den Schaum abschöpfen. Brühe durch einen Sieb abseihen. Kürbis teilen, entkernen, schälen und würfeln. Die zweite Zwiebel ebenfalls würfeln. Porree in Ringe schneiden. Das Gemüse 5 Minuten in Butter andünsten und mit 1 l der Geflügelbrühe aufgießen. 15 Minuten köcheln lassen. Inzwischen das Geflügelfleisch vom Knochen lösen und in Streifen schneiden. Das Gemüse in der Brühe pürieren und mit Salz und Pfeffer abschmecken. Sahne steif schlagen und unter die pürierte Suppe ziehen. Kürbiscreme mit Kerbelblättchen und Geflügelstreifen anrichten.

Zubereitungszeit ca. 2 Stunden

Exotische Dreikornsuppe

Zutaten:

- 100 g Aprikosen (Dose)
- 1 Frühlingszwiebel
- 1 Beutel Knorr Wertvoll Dreikorncremesuppe mit Kürbis und Zucchini
- 1-2 EL Kürbiskerne
- Curry
- Koriander
- Kurkuma

Die Aprikosen abtropfen lassen und in schmale Spalten schneiden. Die Lauchzwiebel schräg in Scheiben schneiden. Dreikorncremesuppe in 550 ml kaltes Wasser einrühren. Unter Rühren einmal aufkochen. Suppe auf schwacher Hitze 10 Minuten köcheln lassen. Ab und zu umrühren. Aprikosenspalten, Kürbiskerne und Lauchzwiebelscheiben zur Suppe geben und erwärmen. Dreikornsuppe mit Curry, Koriander und Kurkuma abschmecken.

Zubereitungszeit ca. 25 Minuten

Unser Tip

Kurkuma gehört zur Familie der Ingwergewächse und kommt aus Ostasien. Verwenden Sie das intensive Gewürz sparsam: eine Messerspitze reicht.

Rote-Bete-Rahmsuppe

Zutaten:
- 350 g rote Bete
- 2 kleine Kartoffeln
- 2 mittelgroße Zwiebeln
- 40 g Butter
- ½ l Fleischbrühe (Instant)
- 400 ml Alpensahne (12 % Fett)
- 4 EL Gin
- Salz
- Pfeffer aus der Mühle

Rote Bete und Kartoffeln schälen und in Würfel schneiden. Die Zwiebeln fein hacken und in der Butter andünsten. Rote Bete und Kartoffeln zu den Zwiebeln geben. Die Fleischbrühe angießen und das Gemüse zugedeckt auf schwacher Hitze ca. 40 Minuten garen. Vom Herd nehmen und die Sahne zugeben. Das Gemüse in der Flüssigkeit pürieren. Suppe mit Gin, Salz und frisch gemahlenem Pfeffer abschmekken. Die Rote-Bete-Rahmsuppe nach Belieben mit Schnittlauchröllchen bestreuen.

Zubereitungszeit ca. 1 Stunde

Unser Tip

Wer keinen Alkohol in seiner Suppe mag, kann sie statt dessen mit 1 EL geriebenem Meerrettich interessant abschmecken.

Alpen Sahne
BÄREN MARKE

Spinatsuppe mit Croutons

Zutaten:

300 g Tiefkühl-Spinat (fein gehackt)
1 große Zwiebel
20 g Margarine
½ l Fleischbrühe (Instant)
200 g Schmelzkäse
Sahne
Muskat
Salz
Pfeffer aus der Mühle
1 Scheibe Toastbrot
½ EL Butter

Spinat auftauen lassen. Die Zwiebel hacken. Margarine zerlassen und die Zwiebel darin andünsten. Den Spinat zugeben und kurz mitdünsten. Gemüse mit der Fleischbrühe auffüllen. Den Schmelzkäse zugeben und die Suppe unter Rühren kurz durchkochen lassen. Spinatsuppe mit Muskat, Salz und frisch gemahlenem Pfeffer abschmecken. Warmstellen. Das Toastbrot entrinden und in kleine Würfel schneiden. Die Butter in einer kleinen Pfanne zerlassen und die Brotwürfel darin goldbraun rösten. Spinatsuppe in Suppentassen füllen und mit den Croutons bestreuen.

Zubereitungszeit ca. 30 Minuten (ohne Wartezeit)

Unser Tip

Wenn Sie Knoblauch lieben, rösten Sie die Brotwürfel in Butter, der Sie zerdrückten Knoblauch zufügen.

Fischsuppe mit Fädele

Zutaten:

- 1 Zwiebel
- 2 Knoblauchzehen
- 1 Bund Suppengemüse
- ¼ l Weißwein
- 1 kg Fischabschnitte
- 100 g Eiernudeln (Fädele)
- 100 g Staudensellerie
- 100 g Porree (Lauch)
- 1 kleine rote Paprikaschote
- 100 g Tiefkühl-Erbsen
- 500 g Fischfilet
- Salz
- Pfeffer
- einige Safranfäden
- ca. 1 TL Worcestersoße

Zwiebel und Knoblauch schälen. Zwiebel vierteln. Suppengemüse grob zerkleinern. Alles zusammen in einen Topf geben und mit 1 l Wasser und dem Wein aufgießen. Einmal aufkochen lassen. Fischabschnitte waschen und in den Sud geben. Bei schwacher Hitze ca. 45 Minuten ziehen lassen. Zwischendurch mit einer Schaumkelle abschäumen. Nudeln nach Packungsanweisung kochen und abgießen. Staudensellerie und Porree in feine Scheiben, Paprika in Streifen schneiden. Fischsud durch ein feines Sieb oder ein sauberes Küchentuch abgießen und dabei auffangen. Vorbereitetes Gemüse zusammen mit den Erbsen in den Fischsud geben und bei mittlerer Hitze ca. 5 Minuten köcheln lassen. Fischfilet unter fließend kaltem Wasser abwaschen und in mundgerechte Stücke schneiden. Zum Gemüse geben und 10 Minuten garziehen lassen. Fischsuppe mit Salz, Pfeffer, Safran und Worcestersoße kräftig abschmekken. Eiernudeln in die Suppe geben und kurz darin erwärmen.

Zubereitungszeit ca. 1 Stunde

Karottensuppe mit »Schuß«

Zutaten:

- 2 Schalotten
- 1 EL Butter
- 2 TL Zucker
- 1 Dose (850 ml) Karotten in Würfeln
- ¾ l Fleischbrühe (Instant)
- Salz
- Pfeffer aus der Mühle
- 2 Eigelb
- ¼ l Sahne
- 2 EL Korn
- 1 Bund Petersilie

Die Schalotten fein würfeln. Butter zerlassen und die Schalottenwürfel darin glasig dünsten. Den Zucker einstreuen und gut unterrühren. Karotten mit Flüssigkeit zugeben. Die Fleischbrühe angießen und mit Salz sowie frisch gemahlenem Pfeffer würzen. Alles aufkochen lassen. In der Zwischenzeit die Petersilie hacken. Eigelb und Sahne verquirlen. Die Karottensuppe vom Herd nehmen und mit der Eigelb-Sahnemischung binden. Den Korn unterrühren und die Suppe mit der gehackten Petersilie bestreuen.

Zubereitungszeit ca. 25 Minuten

Unser Tip

Wußten Sie, daß klare Spirituosen nicht nur aromatisierend wirken, sondern darüber hinaus den Eigengeschmack der einzelnen Gemüsesorten hervorheben? Braune Spirituosen wie Cognac, Whisky oder Rum hingegen würzen die Speisen mit ihrem eigenen Aroma.

Zwiebel-Apfel-Suppe mit Pecannüssen

Zutaten:
je 150 g rote und weiße Zwiebeln
50 g Schalotten
1 Stange Porree (Lauch)
3 Frühlingszwiebeln
50 g Butter
1 kleiner Apfel
1 gestr. EL Mehl
100 ml trockener Weißwein
1 l Gemüsebrühe (Instant)
1 kleines Lorbeerblatt
1 Zweig Thymian
4 Stengel Petersilie
1 Bund Schnittlauch
50 g Pecannüsse
Salz
Weißer Pfeffer aus der Mühle

Zwiebeln, Schalotten, Porree und Frühlingszwiebeln in dünne Ringe schneiden. Die Butter in einem großen Topf erhitzen und das Zwiebelgemüse auf schwacher Hitze ca. 20 Minuten darin dünsten. Dabei regelmäßig umrühren, damit es nicht braun wird. In der Zwischenzeit den Apfel schälen, entkernen und in feine Würfel schneiden. Zu den Zwiebeln geben und kurz mitdünsten. Das Mehl über das Gemüse stäuben und mitschwitzen. Es soll keine Farbe annehmen. Den Wein angießen und etwas einkochen lassen. Gemüsebrühe, Lorbeerblatt, Thymian und Petersilie zugeben. Mit geschlossenem Deckel auf schwacher Hitze ca. 20 Minuten köcheln lassen. Inzwischen den Schnittlauch in Röllchen schneiden und die Pecannüsse in einer trockenen Pfanne kurz rösten. Die Suppe mit Salz und frisch gemahlenem Pfeffer abschmecken. Vor dem Servieren mit Schnittlauchröllchen und Pecannüssen bestreuen.

Zubereitungszeit ca. 50 Minuten

Fruchtige Gerstencremesuppe

Zutaten:

- 50 g getrocknete Aprikosen
- 300 ml Milch
- 1 Beutel Knorr Wertvoll Gerstencremesuppe mit Backpflaumen
- 1 EL gehobelte Haselnüsse
- 1 kleiner Apfel
- 1 kleine Banane
- etwas Zitronensaft
- 1 TL Honig

Die getrockneten Aprikosen in Würfel schneiden. Milch und 300 ml kaltes Wasser in einen Topf gießen. Gerstencremesuppe zugeben und unter Rühren einmal aufkochen lassen. Auf schwacher Hitze 15 Minuten köcheln. Ab und zu umrühren. In der Zwischenzeit die Haselnußblättchen in einer trockenen Pfanne goldgelb anrösten. Den Apfel vierteln und das Kerngehäuse entfernen. Apfelviertel in schmale Spalten schneiden. Die Banane in Scheiben schneiden. Das Obst mit Zitronensaft beträufeln. Die Gerstencremesuppe mit Honig abschmecken. Kurz vor dem Servieren geröstete Haselnußblättchen, Apfel und Banane in die Suppe geben.

Zubereitungszeit ca. 20 Minuten

Unser Tip

Vorbereitetes frisches Obst wie Apfel, Birne und Banane am besten mit Zitronensaft beträufeln, damit es nicht braun wird.

Porreecremesuppe

Zutaten:

- 1 Zwiebel
- 1 Knoblauchzehe
- 20 g Butter
- 600 g Tiefkühl-Porree (Lauch)
- ½ l Fleischbrühe (Instant)
- ½ l Sahne
- Geriebene Muskatnuß
- Salz
- Pfeffer
- Etwas glatte Petersilie

Zwiebel fein würfeln. Knoblauch durch die Knoblauchpresse drücken. Butter in einem Topf zerlassen. Zwiebel und Knoblauch darin goldgelb anschwitzen. Den noch gefrorenen Porree zugeben und andünsten. Fleischbrühe angießen und den Porree im geschlossenen Topf auf schwacher Hitze ca. 10 Minuten garen. Einige Porreeringe zum Garnieren beiseite legen. Die Sahne zum Gemüse geben. Mit Muskat, Salz und Pfeffer würzen. Einmal aufkochen lassen. Porree in der Flüssigkeit pürieren und abschmecken. Petersilie in schmale Streifen schneiden. Porreecremesuppe mit Petersilienstreifen und Porreeringen garniert servieren.

Zubereitungszeit ca. 30 Minuten

Unser Tip

Dieses Grundrezept für Gemüsecremesuppen können Sie ebensogut mit TK-Spinat, Kohlrabi etc. zubereiten.

Kalte Gerstensuppe mit Himbeeren

Zutaten:
- 80 g mittelfeine Gerstengrütze
- Abgeriebene Schale von 1 unbehandelten Zitrone
- 300 g Himbeeren
- ⅛ l Himbeersaft
- 1 Päckchen Vanillezucker
- 2-3 EL Honig
- 100 ml Sahne

Die Gerstengrütze in einer trockenen Pfanne kurz anrösten. Zitronenschale zugeben und ¾ l Wasser angießen. Einmal aufkochen lassen und zugedeckt auf schwacher Hitze 15-20 Minuten quellen lassen. Inzwischen die Himbeeren waschen und einige für die Garnitur beiseite stellen. Himbeersaft, Vanillezucker und Honig unter die Suppe rühren. Die Himbeeren vorsichtig unterziehen und die Gerstensuppe kalt stellen. Mit den restlichen Himbeeren garniert servieren. Dazu flüssige oder geschlagene Sahne reichen.

Unser Tip

Achten Sie beim Kauf von Vanillezucker auf den feinen Unterschied: Während Vanillezucker aus edler Vanille hergestellt wird, handelt es sich bei Vanillinzucker um den Zusatz des Aromastoffes Vanillin.

Wirsingsuppe mit Austernpilzen

Zutaten:

- 240 g Wirsing
- Salz
- 400 ml Alpensahne (12 % Fett)
- 2 Kartoffeln (mehlig-kochend)
- 150 g Austernpilze
- 40 g Butter
- Kräutersalz
- Pfeffer aus der Mühle
- 50 g gehackte Walnüsse

Den Wirsing in ½ cm breite Streifen schneiden und 5 Minuten in Salzwasser blanchieren. Kohl abgießen und dabei die Flüssigkeit auffangen. 250 ml davon abmessen und mit der Alpensahne erhitzen. In der Zwischenzeit die Kartoffeln schälen und in dünne Scheiben schneiden. Mit ⅔ der Wirsingstreifen in die Sahne geben und auf schwacher Hitze 15 Minuten köcheln lassen. Ab und zu umrühren. Inzwischen die Austernpilze in Streifen schneiden. Butter erhitzen und die Pilze kurz darin anbraten. Mit Kräutersalz und frisch gemahlenem Pfeffer würzen. Wirsing und Kartoffelscheiben in der Flüssigkeit pürieren. Eventuell noch mit etwas Blanchierwasser verdünnen. Die restlichen Wirsingstreifen und die Austernpilze in die Suppe geben. Gehackte Walnüsse zur Wirsingsuppe reichen.

Zubereitungszeit ca. 40 Minuten

Kabeljausuppe

Zutaten:
400 g Kabeljaufilet
½ Knoblauchzehe
Salz
½ TL Sojasoße
3 EL Öl
450 g Tiefkühl-Suppengemüse
1 l Brühe (Instant)
½ Bund Petersilie
30 g Butter
Pfeffer aus der Mühle

Das Fischfilet unter fließend kaltem Wasser abspülen und mit Küchenpapier trockentupfen. Fisch in kleine Würfel schneiden. Knoblauch durch die Koblauchpresse drücken und in einer Schale mit etwas Salz vermischen. Sojasoße und Öl unterrühren. Die Fischwürfel zugeben, in der Marinade wenden und zugedeckt 1 Stunde in den Kühlschrank stellen. Das gefrorene Suppengemüse in die kochende Brühe geben und ca. 15 Minuten köcheln lassen. In der Zwischenzeit die Petersilie hacken. Die Butter in einer Pfanne zerlassen und die Fischwürfel darin 2-3 Minuten braten. In die Gemüsesuppe geben. Mit Salz und frisch gemahlenem Pfeffer abschmecken. Die Kabeljausuppe mit Petersilie bestreut servieren. Dazu frisches Knoblauchbrot reichen.

Zubereitungszeit ca. 35 Minuten (ohne Wartezeit)

Süß-saure Bananensuppe

Zutaten:
- 4 reife Bananen (ca. 600 g)
- 3 EL Zitronensaft
- 150 g Crème fraîche
- 2 EL Obstessig
- 1-2 TL Zucker
- ½ TL Zwiebelpulver
- ¾ l Hühnerbrühe (Instant)
- einige Blättchen Zitronenmelisse

½ Banane in Scheiben schneiden, mit Zitronensaft beträufeln und für die Garnitur beiseite stellen. Die restlichen Bananen mit einer Gabel zerdrücken. Crème fraîche zugeben und alles zu einer glatten Masse verrühren. Mit Obstessig, restlichem Zitronensaft, Zucker und Zwiebelpulver abschmekken. Hühnerbrühe erhitzen und die Bananenmasse zugeben. Unter Rühren einmal aufkochen lassen. Suppe mit Bananenscheiben und Melisseblättchen garnieren. Heiß servieren.

Zubereitungszeit ca. 20 Minuten

Unser Tip

Vollwertfans ersetzen den Zucker durch 3 TL Honig und die Hühnerbrühe durch Hefe-Gemüsebrühe aus dem Reformhaus.

Rote Paprikasuppe

Zutaten:
- 500 g rote Paprikaschoten
- 100 g gelbe Paprikaschote
- ½ l Hefe-Gemüsebrühe
- Weißer Pfeffer aus der Mühle
- 3 Korianderkörner
- 150 ml Sahne

Die Paprikaschoten vierteln und entkernen. Je 1 Viertel rote und gelbe Paprika in kleine Stücke schneiden und für die Garnitur beiseite stellen. Restliche Paprika in der Gemüsebrühe ca. 15 Minuten garen. Nach Belieben anschließend die Haut abziehen. Salz, frisch gemahlenen Pfeffer und den zerstoßenen Koriander zugeben. Das Gemüse in der Brühe pürieren. Dabei nach und nach die Sahne zugeben. Die Paprikasuppe abschmecken und mit den zurückgestellten gelben und roten Paprikastücken anrichten.

Zubereitungszeit ca. 30 Minuten

UNSER TIP

Die Haut der Paprikaschoten läßt sich ganz leicht mit Hilfe der Mikrowelle abziehen: Geviertelte Paprikaschoten bei 600 Watt ca. 3 Minuten erwärmen. Sobald die Haut schrumplig ist, geht's wie von selbst.

Kalte Kartoffelsuppe

Zutaten:
- 500 g Kartoffeln
- 3 EL Sojaöl
- 1 l Klare Brühe (Instant)
- 200 ml Sahne
- Salz
- Weißer Pfeffer aus der Mühle
- Geriebene Muskatnuß
- 4 Tomaten
- einige Kerbelblättchen zur Garnitur

Die Kartoffeln schälen und grob in Würfel schneiden. Das Sojaöl in einem Topf erhitzen. Die Kartoffelwürfel darin andünsten. Mit der Brühe ablöschen und zugedeckt ca. 15 Minuten garen. Kartoffeln in der Brühe pürieren und die Sahne unterrühren. Kartoffelsuppe mit Salz, frisch gemahlenem Pfeffer und Muskat abschmecken. Suppe gut durchkühlen lassen. Tomaten vierteln, entkernen und in kleine Würfel schneiden. Die Kartoffelsuppe mit den Tomatenwürfeln und Kerbelblättchen anrichten.

Zubereitungszeit ca. 40. Minuten (ohne Wartezeit)

Unser Tip

Für pürierte Suppen mehlig-kochende Kartoffelsorten wie Irmgard, Datura, Aula oder Bintje verwenden.

Sojaöl

Prager Zwiebelsuppe

Zutaten:
500 g Zwiebeln
1 kleine Stange Porree (Lauch)
75 g geräucherter durchwachsener Speck
2 EL Schweineschmalz
1 Glas Weißwein
½ l Fleischbrühe (Instant)
1 TL Majoran
1 TL gemahlener Kümmel
1 Prise Cayennepfeffer
Salz
Schwarzer Pfeffer aus der Mühle
1 Bund Schnittlauch
2 EL Butter
4 Eier

Die Zwiebeln in Scheiben und den Porree in Streifen schneiden. Speck fein würfeln, mit dem Schweineschmalz in einen Topf geben und auslassen. Die Zwiebeln zugeben und glasig werden lassen. Porree kurz mitdünsten. Mit dem Wein ablöschen und mit Fleischbrühe auffüllen. Suppe kräftig mit Majoran, Kümmel, Cayennepfeffer, Salz und schwarzem Pfeffer würzen. Auf schwacher Hitze 10-15 Minuten köcheln lassen. Inzwischen den Schnittlauch in feine Röllchen schneiden. Die Butter zerlassen. Eier verquirlen und unter Rühren in dem heißen Fett stocken lassen. Rührei zerpflücken, mit den Schnittlauchröllchen mischen und unter die Zwiebelsuppe heben. Suppe abschmecken, anrichten und sofort servieren.

Zubereitungszeit ca. 45 Minuten

Paksoi-Suppe

Zutaten:
1 Poularde
2 Zwiebeln
3 Möhren
1 l Geflügelbrühe (Instant)
6 Pfefferkörner
Salz
1 Staude Paksoi ✗
etwas Sojasoße

oder Chinakohl

Poularde gut waschen. Zwiebeln vierteln und Möhren putzen. Poularde, Zwiebeln, Möhren, Geflügelbrühe, Salz und Pfefferkörner zum Kochen bringen. 1 ½ Stunden köcheln lassen. Dabei ab und zu den Schaum abschöpfen. Brühe durch ein Sieb in einen zweiten Topf abgießen. Den Paksoi in 2 cm breite Streifen schneiden und ca. 5 Minuten in der Brühe garen. Inzwischen das Hühnerfleisch von den Knochen lösen, häuten und kleinschneiden. Die Möhren in Streifen schneiden. Fleisch und Möhren wieder in die Suppe geben und kurz darin erhitzen. Die Paksoi-Suppe vor dem Servieren mit Soja abschmecken.

Zubereitungszeit ca. 2 Stunden

Unser Tip

Paksoi ist dem Mangold sehr ähnlich, im Geschmack gleicht er eher dem milderen Chinakohl.

Orangensuppe mit Schneeklößchen

Zutaten:
- 1 unbehandelte Orange
- ½ l trockener Weißwein
- 400 ml Orangensaft
- 25 g Speisestärke
- 1 Eigelb
- 5 EL Streusüße
- 1 Prise Salz
- 2 EL Orangenlikör
- 1 Grapefruit

Für die Schneeklößchen:
- 1 Eiweiß
- ½ EL Streusüße

Orange heiß waschen und abtrocknen. Orangenschale abreiben und mit ¼ l Wasser zum Kochen bringen. 5 Minuten auf schwacher Hitze ziehen lassen. Abseihen. Weißwein, Orangensaft und Orangenwasser einmal aufkochen. Speisestärke mit etwas Wasser anrühren und die Suppe damit binden. Eigelb mit etwas heißer Suppe verrühren und die Orangensuppe damit legieren. Mit Streusüße, Salz und Orangenlikör fein abschmecken. Für die Schneeklößchen Eiweiß und Streusüße steifschlagen. Mit zwei Teelöffeln kleine Klößchen abstechen und in wenig heißem Wasser garziehen lassen. Abgeriebene Orange und Grapefruit dick schälen und das Fruchtfleisch zwischen den Trennhäutchen herausschneiden. Die Suppe mit Fruchtfilets und Schneeklößchen servieren.

Zubereitungszeit ca. 30 Minuten

Pikantes Katersüppchen

Zutaten:
1 große Zwiebel
2½ EL Öl
1 Dose (285 g) Sauerkraut
2 TL Edelsüß-Paprika
Cayennepfeffer
Salz
2 geräucherte
Mettwürstchen
1 Packung Kartoffelsuppe
⅛ l Sahne
1 Bund Petersilie

Die Zwiebel in große Würfel schneiden. Öl erhitzen und die Zwiebelwürfel darin anschwitzen. Sauerkraut zugeben und kräftig mit Paprika, Cayennepfeffer und Salz würzen. 15 Minuten dünsten. Dann mit 1 l Wasser ablöschen. Würstchen in Scheiben schneiden und zur Suppe geben. Alles kurz durchkochen lassen. Von der Kochstelle nehmen und das Kartoffelsuppenpulver einrühren. Die Sahne zugeben und die Suppe abschmecken. Petersilie hacken und auf das Katersüppchen streuen.

Zubereitungszeit ca. 40 Minuten

Unser Tip

Eine weitere herzhafte Variante ist: 500 g Lauch/Porree in Streifen schneiden und statt Sauerkraut verwenden.

Japanische Frühlingssuppe

Zutaten:
- 250 g Tofu
- 1 Stück unbehandelte Zitronenschale
- Saft von 1 Zitrone
- 1/8 l Sojasoße
- 50 g Spinat
- 600 g gemischtes Gemüse (Kohlrabi, Möhre, Brokkoli . . .)
- 3/4 l Gemüsebrühe (Instant)
- 1 EL trockener Sherry
- 1/2 Bund Schnittlauch
- 2 EL Öl

Den Tofu würfeln. Die Zitronenschale fein hacken und mit dem Zitronensaft und 3 EL Sojasoße mischen. Tofu darin zugedeckt 2 Stunden marinieren. Den Spinat waschen und gut abtropfen lassen. Das gemischte Gemüse dekorativ zerkleinern; zum Beispiel Brokkoli in Röschen, Kohlrabi in Streifen, Möhren in Scheiben schneiden. Die Gemüsebrühe mit der restlichen Sojasoße und dem Sherry aufkochen. Das Gemüse (ohne den Spinat) darin bißfest garen. Inzwischen den Schnittlauch in Röllchen schneiden. Das Öl erhitzen und die Tofuwürfel rundum goldbraun braten. Auf Suppenteller verteilen. Den Bratfond und den Spinat in die Suppe geben. Gemüsesuppe über den Tofu füllen und mit Schnittlauchröllchen bestreuen.

Zubereitungszeit ca. 35 Minuten (ohne Wartezeit)

Unser Tip

Mit einem Buntmesser läßt sich Gemüse einfach und schnell dekorativ zuschneiden.

Kalte Balkansuppe

Zutaten:
- 300 g Tiefkühl-Balkangemüse
- 1 Knoblauchzehe
- Salz
- 1 Bund Dill
- 1 TL Zitronensaft
- 1 l Kefir
- Weißer Pfeffer aus der Mühle
- einige Minzeblättchen zum Garnieren

Das noch gefrorene Balkangemüse mit 100 ml Wasser in einen Topf geben. Aufkochen und im geschlossenen Topf auf schwacher Hitze ca. 4 Minuten dünsten. Gemüse in der Garflüssigkeit abkühlen lassen. In der Zwischenzeit den Knoblauch fein hacken und mit etwas Salz im Mörser zerdrükken. Den Dill sehr fein schneiden und mit dem Zitronensaft unter den Kefir rühren. Das kalte Balkangemüse zugeben und die Suppe mit frisch gemahlenem Pfeffer und Salz pikant abschmecken. Für 2 Stunden in den Kühlschrank stellen. Die Balkansuppe mit Minzeblättchen garniert servieren.

Zubereitungszeit ca. 20 Minuten (ohne Wartezeit)

Unser Tip

Wer keinen Mörser besitzt, kann den Knoblauch zuerst in grobe Stückchen schneiden, mit Salz bestreuen und mit dem Messerrücken ganz zerdrücken. Übrigens: Salz verringert den berühmten Knoblauchgeruch.

Büsumer Krabbensuppe

Zutaten:
- 4 Schalotten
- 2 Knoblauchzehen
- 2 EL Butter
- 2 Gläser (à 400 ml) Fischfond
- 400 ml Sahne
- 120 g Staudensellerie
- 200 g Möhren
- 150 g Krabben
- Salz
- Pfeffer aus der Mühle
- 1 Bund Dill

Schalotten und Knoblauch fein hakken. Butter in einem Topf zerlassen. Schalotten und Knoblauch darin glasig dünsten. Fischfond und Sahne angießen. Bei schwacher Hitze ca. 20 Minuten auf die Hälfte einkochen. In der Zwischenzeit Sellerie und Möhren in sehr feine Streifen schneiden. In kochendem Salzwasser ca. 3 Minuten blanchieren. Dann auf einem Sieb abtropfen lassen. Sellerie, Möhren und Krabbenfleisch in die Suppe geben und kurz darin erhitzen. Mit Salz und frisch gemahlenem Pfeffer abschmekken. Dill fein hacken und über die Büsumer Krabbensuppe streuen. Dazu paßt ein gut gekühlter Bommerlunder.

Zubereitungszeit ca. 30 Minuten

Unser Tip

So lieben's die Friesen: Sie kippen zuerst Ihren »Bommi« ins Süppchen und trinken einen zweiten hinterher.

Charlie Browns Zucchinisuppe

Zutaten:
- 300 g Zucchini
- 800 ml Gemüsebrühe (Instant)
- 80 g Erdnüsse in der Schale
- 6 EL Erdnußcreme
- 2 EL Zitronensaft
- Salz
- Pfeffer aus der Mühle

Die Zucchini waschen und für die Garnitur etwas Zucchinischale zurücklegen. Restliche Zucchini ungeschält grob würfeln. Die Brühe erhitzen und die Zucchiniwürfel bei mittlerer Hitze ca. 7 Minuten darin garen. In der Zwischenzeit die Erdnüsse schälen. Kerne von den braunen Häutchen befreien und grob hacken. Die zurückgelegte Zucchinischale in feine Stückchen schneiden. Erdnußcreme zur Suppe geben und alles mit dem Pürierstab des Handrührgerätes pürieren. Mit Zitronensaft, Salz und frisch gemahlenem Pfeffer abschmecken. Suppe auf Teller geben und mit Zucchinistückchen sowie gehackten Erdnüssen anrichten.

Zubereitungszeit ca. 25 Minuten

Unser Tip

Die gehackten Erdnüsse bekommen ein besonders »nussiges« Aroma, wenn sie in einer trockenen Pfanne angeröstet werden.

Nordfriesische Birnensuppe

Zutaten:
- 400 g durchwachsener geräucherter Speck
- 500 g Birnen
- 100 g kalifornische Rosinen
- 2 EL Mehl
- 3 EL Zucker
- ½ l Buttermilch

Den Speck mit ½ l Wasser zum Kochen bringen und zugedeckt ca. 2 Stunden garen. Birnen schälen, vierteln und das Kerngehäuse entfernen. Birnenviertel in dünne Spalten schneiden. Speck aus der Brühe nehmen. Birnen und Rosinen etwa 5 Minuten in der Brühe garen. Inzwischen den Speck in feine Scheiben schneiden und wieder in die Brühe geben. Mehl und Zucker mischen und mit der Buttermilch in einem Topf glattrühren. Aufkochen lassen. Dabei ständig rühren. Anschließend zur Brühe geben und 10 Minuten ziehen, aber nicht mehr kochen lassen.

Zubereitungszeit ca. 2 Stunden 20 Minuten

Unser Tip

Besitzen Sie einen Schnellkochtopf? Dann können Sie die Garzeit des Specks um etwa ⅔ verkürzen.

Brokkoli-Käse-Suppe

Zutaten:
- 175 g alter Gouda
- 350 g Brokkoli
- 1 kleine Zwiebel
- 2 Kartoffeln
- 2 Möhren
- 50 g Butter
- ½ EL Curry
- 750 ml Hühnerbrühe (Instant)
- ½ Tasse Milch
- 1 EL Crème fraîche
- etwas Cayennepfeffer

Den Käse reiben. Brokkoli in Röschen zerteilen und die Stiele in Scheiben schneiden. Die Zwiebel hacken. Kartoffeln würfeln und Möhren in Scheiben schneiden. Die Butter in einem Topf zerlassen. Curry und die Zwiebel zugeben und unter Rühren bei mittlerer Hitze 5 Minuten andünsten. Mit der Hühnerbrühe ablöschen. Brokkolischeiben, Kartoffeln und Möhren zugeben und zugedeckt ca. 15 Minuten garen. Die Hälfte der Suppe im Mixer pürieren. Zurück in den Topf geben und die Suppe wieder erhitzen. Brokkoliröschen, Milch und Crème fraîche hinzufügen und im offenen Topf köcheln lassen, bis der Brokkoli gar ist. Den geriebenen Gouda in die Suppe geben und schmelzen lassen. Mit wenig Cayennepfeffer bestäuben.

Zubereitungszeit ca. 50 Minuten

Crème
deluxe

Grüne Bohnensuppe mit Butternockerln

Zutaten:

Für die Nockerln:
- 50 g weiche Butter
- 1 Ei
- 5 EL Mehl
- 1 TL gehackte Petersilie
- Salz

Für die Suppe:
- 5 Petersilienwurzeln
- 3 EL Butterschmalz
- 600 g Tiefkühl-Brechbohnen
- 300 g Tiefkühl-Karotten
- 1 TL Edelsüß-Paprika
- 1 l Fleischbrühe
- Salz
- Pfeffer aus der Mühle
- 1 Bund Schnittlauch

Für die Nockerln Butter, Ei, Mehl, Petersilie und Salz zu einem geschmeidigen Teig verrühren. Petersilienwurzeln in Stücke schneiden. Butterschmalz in einem Suppentopf zerlassen und das Gemüse darin andünsten. Paprika überstäuben und alles mit der Fleischbrühe auffüllen. Bei mittlerer Hitze im geschlossenen Topf ca. 10 Minuten garen. Mit einem Teelöffel kleine Nokkerln abstechen und in der heißen Suppe ca. 5 Minuten ziehen lassen. Grüne Bohnensuppe mit Salz und frisch gemahlenem Pfeffer abschmekken. Schnittlauch in Röllchen schneiden und über die Suppe streuen.

Zubereitungszeit ca. 35 Minuten

UNSER TIP

Das Abstechen der Nockerln gelingt am besten, wenn Sie den Teelöffel zwischendurch in heißes Wasser tauchen.

Karotten-Grünkern-Creme

Zutaten:
- 1 l Gemüsebrühe (Instant)
- 1 Lorbeerblatt
- 80 g Grünkernmehl
- 1 Glas (370 ml) Karotten
- 1 Eigelb
- 1 Becher (125 g) Kräuter Crème fraîche
- 2 EL Zitronensaft
- Salz
- Pfeffer aus der Mühle
- 100 ml Sahne
- ½ Bund Petersilie

Gemüsebrühe und Lorbeerblatt aufkochen. Grünkernmehl einrühren und erneut aufkochen lassen. Auf schwacher Hitze 15-20 Minuten köcheln lassen. Die abgetropften Karotten zugeben und in der Suppe erwärmen. Das Eigelb mit Crème fraîche verrühren und die Karotten-Grünkern-Creme damit binden. Mit Zitronensaft, Salz und frisch gemahlenem Pfeffer abschmekken. Sahne steifschlagen. Petersilie fein hacken. Die Karotten-Grünkern-Creme in vier Suppentassen füllen und mit je einem Sahneklecks und etwas gehackter Petersilie garnieren.

Zubereitungszeit ca. 30 Minuten

UNSER TIP

Kleine Warenkunde: Grünkern ist unreif geernteter Dinkel; Dinkel ist der sogenannte Urweizen; Urweizen ist die Vorstufe des heutigen Weizens.

Mulligatawny-Suppe

Zutaten:

- 1,5 kg Geflügelklein
- 1 Zwiebel
- 50 g Butter
- ½ TL gemahlener Koriander
- 1 Msp. gemahlener Kreuzkümmel
- 1 Msp. gemahlener Ingwer
- ½ TL Chillipulver
- 1 TL gemahlener Kurkuma
- 1 Knoblauchzehe
- 200 g Joghurt
- Salz
- 2 EL Zitronensaft
- ¼ TL gemahlene Nelken
- 100 g Reis
- 4 EL Sherry Medium

Geflügelklein waschen und trockentupfen. Zwiebel fein würfeln und in der Butter anschwitzen. Das Geflügelklein zugeben und hellbraun anrösten. Die Gewürze mit der durchgepreßten Knoblauchzehe zu einer Paste verrühren. Zusammen mit dem Joghurt und etwas Salz zu dem Geflügelklein geben. So lange dünsten, bis sich am Topfboden eine hellbraune Schicht gebildet hat. Zitronensaft und Nelken zugeben. 1 ¼ l Wasser angießen und alles im geschlossenen Topf auf schwacher Hitze 30-40 Minuten köcheln lassen. Inzwischen den Reis nach Packungsanweisung garen. Das Geflügelklein aus der Brühe nehmen und das Fleisch von den Knochen lösen. Geflügelfleisch, Reis und Sherry zur Mulligatawny-Suppe geben und abschmecken.

Zubereitungszeit ca. 1 Stunde 15 Minuten

UNSER TIP

Kurkuma, auch Gelbwurzel genannt, ist ein Ingwergewächs mit scharf-aromatischem Geschmack.

She
AMONT

Bananen-Curry-Suppe

Zutaten:
- 1 Zwiebel
- 1 Knoblauchzehe
- 30 g Butter
- 2 TL Curry
- 3 kleine Bananen (ca. 600 g)
- 4 EL Mehl
- 1 l Hühnerbrühe (Instant)
- 8 EL Alpensahne (12 % Fett)
- Salz
- 1 EL gehackte Pistazien

Die Zwiebel in sehr feine Würfel schneiden und den Knoblauch durch die Knoblauchpresse drücken. Butter in einem Topf erhitzen. Zwiebel und Knoblauch zugeben und glasig dünsten. Curry einstreuen und kurz mit anschwitzen. 2 ½ Bananen in Scheiben schneiden, zugeben und kurz erhitzen. Alles mit Mehl bestäuben und mit der Hühnerbrühe auffüllen. Gut durchkochen lassen. Die Suppe anschließend durch ein Sieb passieren. Die restliche halbe Banane in Scheiben schneiden und in die Suppe geben. Noch einmal aufkochen lassen. Die Sahne einrühren und eventuell noch mit Salz abschmecken. Die Bananen-Curry-Suppe mit gehackten Pistazien garnieren.

Zubereitungszeit ca. 30 Minuten

Unser Tip

Verwenden Sie Madras-Curry. Er ist besonders mild und paßt gut zu dieser fruchtig pikanten Suppe.

Alpen

Fischsuppe »Sylt«

Zutaten:
- 250 g Heilbuttfilet
- 250 g Rotbarschfilet
- Saft von ½ Zitrone
- 4 Zwiebeln
- ½ Sellerieknolle
- 6 kleine Tomaten
- 3 Gewürzgurken
- 2 Petersilienwurzeln
- 1 ¼ l Fleischbrühe (Instant)
- Salz
- 1 Lorbeerblatt
- 1 Glas Weißwein
- 1 TL geriebener Meerrettich
- ½ Bund Dill

Das Fischfilet unter fließend kaltem Wasser abspülen und mit Küchenpapier trockentupfen. Mit Zitronensaft beträufeln und 5 Minuten ziehen lassen. Zwiebeln in Ringe, Sellerie in dünne Streifen schneiden. Tomaten häuten und halbieren. Gewürzgurken in Scheiben schneiden und die Petersilienwurzeln reiben. Fleischbrühe in einem großen Topf erhitzen. Salz, Zwiebelringe und Lorbeerblatt zugeben und alles aufkochen lassen. Das Fischfilet 10 Minuten auf schwacher Hitze darin ziehen lassen. Herausnehmen und beiseite stellen. Sellerie, Tomaten, Gewürzgurke und Petersilienwurzel in die Brühe geben. Etwa 8 Minuten darin ziehen lassen. Weißwein und geriebenen Meerrettich einrühren. Fisch in mundgerechte Stücke zerteilen und kurz in der Suppe erwärmen. Den Dill hacken und auf die Fischsuppe geben.

Zubereitungszeit ca. 45 Minuten

Grünkernsuppe »Roquefort«

Zutaten:
- 1 Stange Staudensellerie
- 1 EL Keimöl
- 1 Beutel Grünkernsuppe mit Mangold
- 1 Birne
- 50 g Roquefort-Käse
- 2 EL Walnußkerne

Den Staudensellerie in Ringe schneiden. Öl erhitzen und den Sellerie darin andünsten. 600 ml kaltes Wasser und Grünkernsuppe zugeben. Unter Rühren einmal aufkochen lassen. Suppe auf schwacher Hitze 5 Minuten köcheln lassen. Ab und zu umrühren. In der Zwischenzeit die Birne vierteln und das Kerngehäuse entfernen. Birnenviertel in schmale Spalten schneiden. Den Roquefort fein würfeln und die Walnüsse grob hacken. Birnen und Käse in die Grünkernsuppe geben und darin erwärmen. Suppe in vier Suppenschalen füllen und mit gehackten Walnüssen bestreuen.

Zubereitungszeit ca. 25 Minuten

Unser Tip

Roquefort kommt aus dem südfranzösischen »Roquefort« und wird aus reiner Schafsmilch hergestellt. Achten Sie beim Kauf dieses edlen Produktes auf besonders frische Ware. Sie schmecken den feinen Unterschied!

Gemüserahmsuppe

Zutaten:

½l Fleischbrühe (Instant)
1 großes Glas Erbsen und Karotten
1 kleines Glas Schwarzwurzeln
1 kleine Dose Brechbohnen
Geriebene Muskatnuß
Salz
Pfeffer aus der Mühle
¼ l Sahne
1 Bund Schnittlauch

Das Gemüse mit der Flüssigkeit in die kochende Fleischbrühe geben und 5 Minuten auf schwacher Hitze garen. Gemüse in der Flüssigkeit pürieren. Die Gemüsesuppe mit geriebener Muskatnuß, Salz und frisch gemahlenem Pfeffer würzen. Die Sahne steifschlagen und zur Hälfte unter die Suppe ziehen. Schnittlauch in Röllchen schneiden. Die Gemüserahmsuppe in vorgewärmte Suppentassen füllen und mit je einem Klacks Schlagsahne und Schnittlauchröllchen anrichten.

Zubereitungszeit ca. 20 Minuten

Unser Tip

Während des Pürierens den Topfdeckel als Spritzschutz schräg über den Pürierstab halten.

Kalte Gurkensuppe

Zutaten:
- 2 Salatgurken
- 200 ml Sahne
- 150 g Vollmilch-Joghurt
- 2 EL Essig
- 2 EL Irish Whiskey
- 1 Knoblauchzehe
- ½ Bund Pfefferminze
- 1 Bund Petersilie
- Salz
- Pfeffer aus der Mühle

1 kleines Stück ungeschälte Gurke für die Garnitur beiseite legen. Restliche Gurken schälen, kleinschneiden und im Mixer pürieren. Sahne, Joghurt, Essig und Whiskey unterrühren. Knoblauch durch die Presse drücken oder sehr fein hacken und zugeben. Einige Pfefferminzblättchen beiseite legen. Den Rest mit der Petersilie hacken und unter die Suppe ziehen. Mit Salz und frisch gemahlenem Pfeffer abschmekken. Die Gurkensuppe gut durchkühlen lassen. Mit hauchdünnen Gurkenscheiben und einigen Pfefferminzblättchen garniert servieren.

Zubereitungszeit ca 15 Minuten (ohne Wartezeit)

Unser Tip

Whisky oder Whiskey? Schottisch, kanadisch und deutsch ist der Whisky, irisch und amerikanisch ist der Whiskey – also kein Schreibfehler auf dem Etikett.

Friesische Muschelsuppe

Zutaten:
- 1,5 kg frische Miesmuscheln
- 300 g Kartoffeln (mehligkochend)
- 100 g Knollensellerie
- 100 g Möhren
- 2 Zwiebeln
- 20 g Butter
- ¼ l trockener Weißwein
- 2 Eigelb
- ⅛ l Sahne
- Salz
- Pfeffer
- 1 Döschen gemahlener Safran
- Geriebene Muskatnuß
- 1 Frühlingszwiebel

Muscheln gründlich unter fließend kaltem Wasser abbürsten. Geöffnete Muscheln wegwerfen. Kartoffeln grob würfeln. Sellerie, Möhren und Zwiebeln ebenfalls in Würfel schneiden. Die Butter in einem großen Topf zerlassen. Sellerie, Möhren und Zwiebeln darin andünsten. Muscheln und Wein zugeben. Zugedeckt 10 Minuten kochen lassen. Gleichzeitig die Kartoffeln in ½ l Wasser garen. Muscheln abgießen; dabei den Kochsud auffangen. Muscheln, die sich nicht geöffnet haben, wegwerfen. Restliche Muscheln aus der Schale brechen. Die Kartoffeln im Kochwasser pürieren. Muscheln mit ihrem Sud unterrühren. Die Muschelsuppe mit Eigelb legieren. Sahne steifschlagen und unterheben. Mit Salz, Pfeffer, Safran und Muskat würzig abschmecken. Nach Belieben 1 Frühlingszwiebel in feine Ringe schneiden und auf die Friesische Muschelsuppe streuen.

Zubereitungszeit ca. 50 Minuten

UNSER TIP

Dazu einen gut gekühlten Aquavit servieren.

MALTESERKREU
MALTESERKRE
40% vol
AQUAVIT

Champignoncreme mit Schinkenstreifen

Zutaten:

- 1 Packung Champignoncremesuppe
- 2 EL Crème fraîche
- 50 g gekochter Schinken
- 20 g geschälte Pistazien
- 8 Grissini

Champignoncremesuppe nach Packungsanweisung zubereiten. Crème fraîche unterziehen. Den gekochten Schinken in schmale Streifen schneiden und die Pistazien grob hacken. Die Champignoncreme in Suppentassen füllen und die Schinkenstreifen darauf verteilen. Mit den gehackten Pistazien bestreuen. Dazu je 2 Grissini reichen.

Zubereitungszeit ca. 20 Minuten

Unser Tip

Wenn Sie Grissini, die kleinen italienischen Sesamstangen, nicht bekommen, passen Baguette oder geröstetes Brot genauso gut.

Gemüsecremesuppe mit Speck

Zutaten:
- 1 kg Tiefkühl-Suppengemüse
- 1 l Fleischbrühe (Instant)
- 1 TL getrockneter Majoran
- Salz
- Pfeffer aus der Mühle
- 150 g geräucherter durchwachsener Speck
- ¼ l Sahne

Das gefrorene Suppengemüse in die Fleischbrühe geben und ca. 15 Minuten garen. Ein Drittel des Gemüses aus der Brühe nehmen und warmstellen. Das restliche Suppengemüse in der Brühe pürieren. Mit Majoran, Salz und frisch gemahlenem Pfeffer abschmekken. Warmstellen. Den Speck in feine Streifen schneiden und in einer Pfanne knusprig braun auslassen. In die Suppe geben. Sahne steifschlagen und zwei Drittel davon unter die Gemüsesuppe ziehen. Eventuell nachwürzen. Das warmgestellte Suppengemüse auf vier Teller verteilen und die Gemüsecremesuppe darüberfüllen. Mit je einem Klacks Sahne anrichten und sofort servieren.

Zubereitungszeit ca. 30 Minuten

Unser Tip

Gemüsecremesuppen sind auch als Vorspeise schnell zubereitet. Dazu nehmen Sie die Hälfte der Zutaten in unserem Rezept und können so mit dem TK-Gemüse Ihre Lieblingssuppe zubereiten.

Möhrensuppe mit Grießklößchen

Zutaten:
500 g Möhren
30 g Butter
¾ l Fleischbrühe
(Instant)
Salz
Pfeffer aus der Mühle
1 Prise Zucker
etwas gemahlener Ingwer
Saft 1 Orange
Für die Klößchen:
1 EL Butter
1 TL Salz
½ Bund Petersilie
65 g Grieß
1 Ei
1 Avocado

Die Möhren in Würfel schneiden. Butter in einem Topf zerlassen und das Gemüse darin andünsten. ⅛ l der Fleischbrühe angießen und die Möhren auf schwacher Hitze 10-15 Minuten garen. Für die Grießklößchen ⅛ l Wasser mit Butter und Salz aufkochen. Inzwischen die Petersilie hacken. Grieß unter Rühren in das kochende Wasser einstreuen und so lange weiterrühren, bis sich der Grießkloß vom Topfboden löst. Topf vom Herd nehmen. Ei und Petersilie unterrühren. Mit zwei Teelöffeln Klößchen abstechen und in kochendes Wasser geben. Auf schwacher Hitze garziehen lassen. Die Möhren in der Flüssigkeit pürieren. Restliche Fleischbrühe unterrühren. Erhitzen und mit Salz, Pfeffer, Zucker, Ingwer und dem Orangensaft abschmecken. Avocado halbieren, entkernen und mit einem Kugelausstecher kleine Bällchen ausstechen. In die Suppe geben und vorsichtig darin erhitzen. Grießklößchen auf Teller verteilen und die Möhrensuppe darüberschöpfen.

Zubereitungszeit ca. 45 Minuten

Schweizer Kräutersuppe

Zutaten:
- 150 g Emmentaler Käse
- 40 g Butter
- 1 Scheibe Toastbrot
- 1 Zwiebel
- 2 Beutel Kräutercremesuppe mit Champignons
- 100 ml trockener Weißwein
- 1 EL Kirschwasser
- Weißer Pfeffer aus der Mühle
- Geriebene Muskatnuß

Emmentaler fein raspeln und 1 EL für die Garnitur beiseite stellen. 20 g Butter in einer Pfanne zerlassen. Toastbrot entrinden und in kleine Würfel schneiden. In der Butter goldbraun rösten und herausnehmen. Die Zwiebel in feine Ringe schneiden und in der restlichen Butter knusprig braun braten. Kräutercremesuppe in 1 l Wasser geben und unter Rühren einmal aufkochen. Den geriebenen Käse zufügen und 1 Minute kochen lassen. Den Wein angießen und die Suppe mit Kirschwasser, frisch gemahlenem Pfeffer und Muskat abschmecken. Geröstete Weißbrotwürfel, Zwiebelringe und den geraspelten Käse auf die Suppe geben.

Zubereitungszeit ca. 20 Minuten

Unser Tip

Besonders »schweizerisch« wird Ihr Süppchen, wenn Sie als Weißwein einen echten Fendant aus dem Schweizer Kanton Wallis wählen.

Rezepte